梅干しを漬けてわかること

有元葉子

文化出版局

はじめに

梅雨の季節、毎年あたりまえのように梅干しを漬ける母を見て育ちました。以前はうちに限らず梅干しを漬けるのはどの家でもふつうのことだったのです。しかし、今は便利な世の中というか味気ない世の中というか、梅干しも買ってくる時代となりました。いろいろな梅干しが売られていますが、塩だけで漬けられたものはあまり見かけません。甘い味やだしの味がついていたりで、昔ながらの梅干しの味とは異なるものが多いです。

うちのは母譲りの塩気がしっかり効いたもので、今風の甘い梅干しとは違いますが、年を経るごとに塩がなれて独特のおいしさが出てくる梅干しです。年月のたったものを食べてみると、塩がなれる、とはこういうことなのかと実感できます。

青梅は生で食べると体に害があるのに、アルコールや甘味で漬け込むとおいしいお酒や飲み物になり、熟したものを塩で漬け込むと長期保存に耐えうる体によい食べ物になります。また、青梅をすりおろして汁を黒くなるまで煮つめた梅エキスは、我が家の常備薬。梅は薬にもなるのです。先人が私たちに教えてくれたすばらしい知恵ですね。この知恵を皆で共有してずっと伝えていけたら、と思います。

土用干しの決まり事――漬けた梅を梅雨明けのカラッと晴れた真夏日に三日間干して、いよいよ終《しま》う日の夜は夜露に当ててしっとりさせる――は知っておきたいですが、近年はカラッとした3日間も、夜露も望めないことが多いです。自然と仲よく暮らしていた時代とは、事情がすっかり変わってしまいました。

少し昔に戻る、ということも今は大事なのではないでしょうか。梅干しを自分で漬けることからも生き方、暮らし方、自然の大切さを学ぶことができると思います。梅干しを漬けることで、今の私たちのありようを考え直すよい機会を得られるかもしれません。

有元葉子

目次

梅干し料理 72

本書で使用している
計量カップは200㎖、
1合は180㎖。
計量スプーンの
大さじ1は15㎖、
小さじ1は5㎖です。
1㎖は1cc。

5月下旬 青梅で

5月下旬から6月初旬頃、待望の青梅が店頭に出ると、いよいよ梅仕事が始まります。みずみずしくてかたい青梅を、新鮮なうちにメープルシロップ漬けとはちみつ梅酒にします。

青梅のメープルシロップ漬けの材料は、青梅とメープルシロップのみ。シンプルな材料だからこそ、品質にはこだわって、いいものを選んでいます。メープルシロップはカナダ産の中でも色が淡くてやわらかな風味の〝ゴールデン〟。後味のいいすっきりとした甘さが特徴のメープルシロップなので、その風味が生きたシロップ漬けができます。

はちみつ梅酒は、すっきりしたアカシアのはちみつとアルコール度数の高い日本酒で作っています。はちみつはそれに限らず、お好みのものでいいでしょう。

青梅を具合よく割るいい方法を見つけました。小ぶりで厚みのある木のまな板（ラバーゼがちょうどいい重さです）を2枚用意します。まな板に一粒だけ青梅をのせ、もう1枚のまな板でコンとたたきます。この方法ですと、何個でも難なくうまい具合に割れます。割るのに苦労している方はぜひ、お試しください。

青梅のメープルシロップ漬け

届いたその日に作業ができると、よりおいしく仕上がります。梅のエキスがしみ出しやすいように、梅をたたいてつぶしてから漬けています。

材料（作りやすい分量）
青梅（新鮮でなるべくかたいもの）　600g
メープルシロップゴールデン　500㎖
✚メープルシロップゴールデン（1ℓ）
ゴールデンは光の透過度が80～85％で、すっきりと軽やかな甘さが特徴のメープルシロップ。料理にも幅広く使える。マルチネット社（Shop281）
✚使用する瓶は、ふたに金属が使われていないもの、密閉できるもの、冷蔵庫に入る高さのものを選ぶといい。

1
青梅をよく洗って水気を拭き、よく乾かす。水分が残っているとかびなどの原因になる。

2
1個ずつ竹串などで、へたを丁寧に取り除く。まな板の上に梅を置き、別の厚手のまな板（小さめの四角で重さのある板）で種が割れない程度に、実をたたいてつぶす。種は取らずにそのまま使う。

1

2

3
煮沸消毒した瓶に、2の梅をすき間なく入れる。

4
3の瓶にメープルシロップを青梅にかぶるほど注ぐ。頭が出ているといたむ原因になる。

5
ふたをして密閉し、冷蔵庫に入れる。

3

5

4

10日ほどすると梅のエキスが出てきます。冷蔵庫で5～6か月保存が可能です。

はちみつ梅酒

日本酒ならではのまろやかさとこくが楽しめる、はちみつ梅酒です。青梅の扱いはメープルシロップ漬けの作り方と同じです。

材料（作りやすい分量）

青梅（新鮮でなるべくかたいもの）　500g

はちみつ　250ml

日本酒（アルコール度数20度以上）　250ml

＋アルコール度数が20度未満だと酒税法に違反するので要注意。

1

メープルシロップ漬けの作り方と1～2までは同じ。

容器の中ではちみつと日本酒をよく混ぜる。

2

煮沸消毒した瓶にたたいてつぶした梅をすき間なく入れ、混ぜたはちみつと日本酒を注ぐ。

3

ふたをして密閉し、冷蔵庫に入れる。10日ほどすると梅のエキスが出てくる。その1週間後からおいしく飲める。冷蔵庫で1年保存可能。

甘く漬かった梅もおいしくいただける。

1

2

青梅のメープルシロップ漬けと はちみつ梅酒。

梅サワー

青梅のメープルシロップ漬け、はちみつ梅酒は、それぞれ好みの分量の炭酸水を注ぎ、青梅と氷を浮かべていただきましょう。清涼感いっぱいのドリンクで、ほんのり甘く漬かった梅もかりかりとおいしくいただけます。暑気払いにぴったりです。

梅エキス

真っ青でしっかりとかたい梅の果汁で作る我が家の常備薬。1kgの青梅で大さじ1強の梅エキスができます。

梅エキスのこと

梅エキスはあると安心なうちの常備薬といった感じのものです。クエン酸がたっぷり含まれていて、なめると身が震えるほど酸っぱく、殺菌力が強いため腐ることがありませんし、何年たっても状態が変わりません。昔、子供が車酔いをしたり、おなかをこわしたとき、義理の姉からもらった梅エキスをなめさせたものでした。

今では自分でも作るようになりましたが、青梅1kgでだいたい大さじ1強の梅エキスができます。ですから、分量はあってないようなもの。必須条件は、新鮮でかたく真っ青な梅で作ること。少しでも赤みがかった梅ではだめです。もう一つ大事なのは、青梅の酸はとにかく強いものですから、ステンレス製など金気のおろし器やボウル、鍋を使わないこと。セラミック、プラスチック、ガラス、ほうろう、樹脂などの道具で作ります。

作り方は青梅をすりおろしてその果汁が真っ黒になるまで煮つめるだけ。とはいえ、その加減は少々難しく、最後の最後で煮つめすぎて鍋にはりついてしまったり、容器に移せなかったりしたこともありました。煮つめた果汁にへらで道がつくようになって、少しゆるめかなと思うくらいで火を止めることが肝要です。

一つの鍋をじっくりと見つめて集中するその時間は、なかなかいいものです。

青梅の絞り汁をじっくり時間をかけて、煮つめます。

材料（作りやすい分量）
青梅（真っ青でかたいもの）　1kg

道具
プラスチックや陶製のおろし器
プラスチックやガラス製のボウル
土鍋やほうろう鍋／樹脂製のへらや刷毛
ガーゼ／ガラス製の小瓶
✚青梅の酸はとても強いため、道具は酸に強い陶製、ガラス製、ほうろう製、プラスチック製、樹脂製などを使う。ステンレスや銅などの金属製のものは使用しない。

1
青梅をよく洗って水気を拭き、1個ずつ竹串などで、へたを丁寧に取り除く。おろし器をボウルに受け、青梅の果肉をすりおろす。

2
別のボウルにガーゼを3枚重ねてかけ、すりおろした果肉を入れる。ガーゼで果汁を絞る。絞りかすは捨てる。

1

2

3
鍋に2の果汁を移す。鍋が温まるまでは中火にかける。

4
湯気が出てきたら、中火弱にして静かに加熱する。表面のあくはそのままでいい。

5
火を徐々に弱めながら、ときどき液面のふちをへらやぬらした刷毛で軽くなぞったり、へらで

3

5

4

鍋底を混ぜて、焦げつきを防ぐ。液面の外側に火が当たることがないよう、火加減に注意する。

6
40分ほどたつと、果汁が黒くなり、量もぐっと減るので、ごく弱火にして注意しながら混ぜる。

7
1時間ほどたって、へらで混ぜると道筋がつくようになったら火を止める。いったん別の容器に取り出してから、ガラスの小瓶にあけて冷ます。でき上がりは大さじ1強ほど。冷めたらふたをして、冷蔵庫で保存する。

6

7

6月上旬 梅干しの下漬け

梅雨入りして間もない頃に、完熟梅が届きます。荷を開けると、なんともいえないかぐわしい香りがふわっと漂います。梅は南高梅で、皮が薄く、果肉が多く、種が小さいものを選んでいます。まだ梅の色が青っぽくて、香りが足りないときは、ざるにのせて追熟させ、漬けどきを待ちます。

だんだんと黄色が濃くなって茜色がかかり、手でさわるとやわらかく、家中がいい香りで満ちてきたらOKです。完熟梅が傷つかないよう、持ち運ぶときも、漬けるときも優しく扱いましょう。傷がつくと後々まで傷が残ります。

母から教わった梅干しの塩の濃度は18%。これはもうずっと変わりません。昔ながらの素朴なしょっぱさと酸っぱさが味わえる梅干しです。赤じそで真っ赤に染まった梅干しは、彩りの美しさはもちろん、塩味も酸味も私にとっていちばんおいしい塩梅なのです。

梅干しの下漬け

梅の状態をよく見て、完熟したら漬けどきです。容器や重しなどの消毒も丁寧にしておくと、あとあと安心です。

材料（作りやすい分量）
南高梅　4kg
塩（自然塩）　720g＊梅の重さの18%
焼酎（アルコール度数35度）　適量

道具
ほうろうや陶製の容器（梅4～5kg用）
重し（梅と同じか、やや梅より重めのもの）
中ぶたまたは皿
さらしの布（容器の口径よりも大きめのもの）
✚道具は熱湯消毒し、焼酎を霧吹きで吹きかけておく。

1
梅は傷つけないようにしながらたっぷりの水でよく洗い、ざるに上げて水気をしっかりきる。塩を量る。

2
梅がよく乾いたら、竹串でへたを丁寧に取る。

1

2

3
容器の底に塩をふたつかみ分、均等にふり入れる。

4
梅を平らに並べ、その上に塩を均等にふる。この上に梅を平らに並べ、さらに塩を均等にふる。これを数回繰り返す。

5
最後に上から塩をふる。作業中、梅の扱いは丁寧に、傷がつかないようにすること。梅が隠れるように、上からさらしの布をかぶせる。

3

4

梅が空気に直接触れないように、梅が隠れるようにきっちりと覆いましょう。

6
中ぶたまたは口径の合う磁器の皿の上に重しをのせ、ふたをする。冷暗所に置いて、梅酢が上がってくるのを待つ。

7
漬けてから3〜4日目に梅酢が上がりはじめる。赤じそが出回るのを待って10日ほどこのまま漬けておく。

8
白梅酢を、梅がかぶるくらいを残して、ガラス瓶に取り分ける。瓶のふたは金属のものだとさびるので、プラスチック製などのもので。

6

8

これは1週間ほどたってしっかり梅酢が上がったところ。

白梅酢

梅干し作りにはうれしい副産物がいくつかあります。まず、下漬けの際に梅から出てくる白梅酢です。梅の栄養が含まれた塩分の濃い調味料として利用することができます。この白梅酢には強い殺菌効果があります。ご飯を炊くとき、米1合に対して小さじ1の白梅酢を加えると、香りとつやが出ておいしくなります。また、お弁当の仕上げにさっとご飯に吹きかけたり、おにぎりを握るときに手につけたりすると腐敗防止になって、夏場は特に重宝。瓶に入れて冷蔵庫で保存すると変色しにくく、1年以上は保存可能です。

赤梅酢

白梅酢

梅の本漬けの際に赤じそで染まってできるのが赤梅酢です（39ページ参照）。白梅酢と同様、調味料として利用することができます。漬物を作るなら、この赤梅酢です。谷中しょうがやみょうがの赤梅酢漬け（90ページ〜参照）をはじめ、いろいろな野菜を即席漬けにするのにも最適です。瓶に入れて冷蔵庫で保存すると変色しにくく、約1年保存ができます。冷暗所に置いても保存はできますし、時を経たものは味もこなれて重宝します。

6月下旬 梅干しの本漬け

梅干しの下漬けから10日たって、梅酢が上がってきたら赤じその準備をします。まずは、赤じそのあく抜きから始めます。用意するのは表面が縮れたちりめんじそで、出はじめの葉も茎もやわらかいものを使い、香りのいい新鮮なうちにあく抜きの作業を行ないます。梅も赤じそも時間がたてばたつほど鮮度とともに色も香りも損なわれていくからです。

手間と時間がかかるのがあく抜き作業ですが、仕上がりの色に大きく影響しますので、手が抜けません。しっかりあく抜きした赤じそを白梅酢に浸した瞬間、ぱぁっと鮮やかに発色するのを見ると、苦労が報われる思いがします。

ちりめんじそは、なるべく若いものを選び、買ったらすぐに作業にとりかかりましょう。量がかなり多いので、数回に分けてあく抜きをします。粗塩をたっぷり使いますが、水で洗い流しますので、塩分の濃さを気にする必要はありません。ここで、赤じそをしっかりとあく抜きすることで、美しい深紅色の梅干しに仕上がります。

表面が縮れたちりめんじそを使います。

赤じその下ごしらえ

赤じその出回る時期と白梅酢が上がるタイミングがずれることがあります。赤じそが早く出回るときは、7の作業まで終わらせておき、前年にとった白梅酢を加えるといいでしょう（そのためには前年に梅干しを作らなくてはなりませんが）。

材料（作りやすい分量）
赤じそ（ちりめんじそ）　1・5～2kg（正味約1kg）
粗塩（自然塩）　200g

1
葉を茎から取り、次に葉から軸を引っ張って抜くようにして、取っていく。たっぷりの水で洗い、ざるに上げて水気をきっておく。

2
1の葉の半量をボウルに入れ、粗塩を適量ふり、手でよくもみ込む。

1

2

3
しばらくもんでいるとかさが減って小さくなり、さらにもむと黒っぽいあくが出てくるので、水を加えて数回よく洗い、葉を両手でしっかり絞る。

4
3のボウルの水を捨て、葉を戻し入れ、粗塩を適量ふり、再度もむ。水を加えてよく洗う。

5
葉を両手でしっかり絞る。葉の量はだんだん減ってくる。

6
しそをもんだ水の色がきれいな紫色になるまで、この作業を数回繰り返す(写真の状態はまだまだ)。

7
ボウルの中の水がきれいな紫色になったら、あく抜きは完了。残り半量の葉も同様に行なう。この手間を省くと色が悪くなる。終了したら、しっかり絞る。

3

4

8

赤梅酢を別に作りたいときは、赤じそ適量の水気をしっかり絞り、煮沸した瓶に入れ、白梅酢を注いで、菜箸でよく混ぜておく。すると美しく発色する。（41ページ参照）

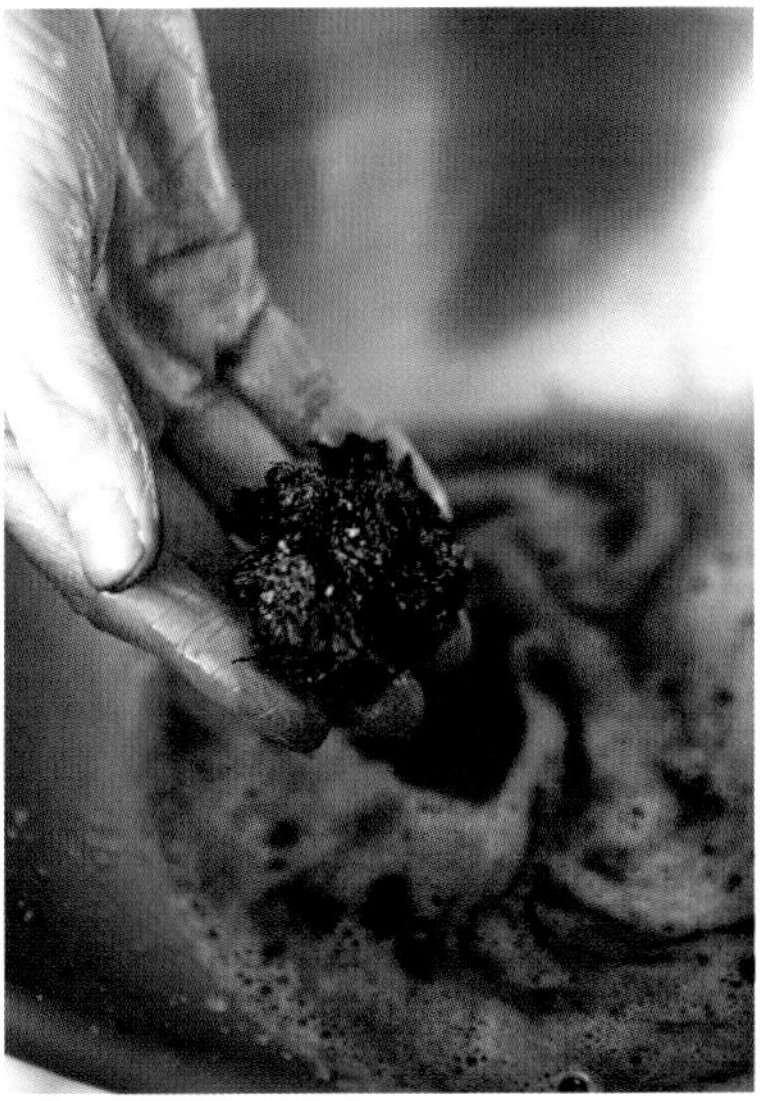

5

6

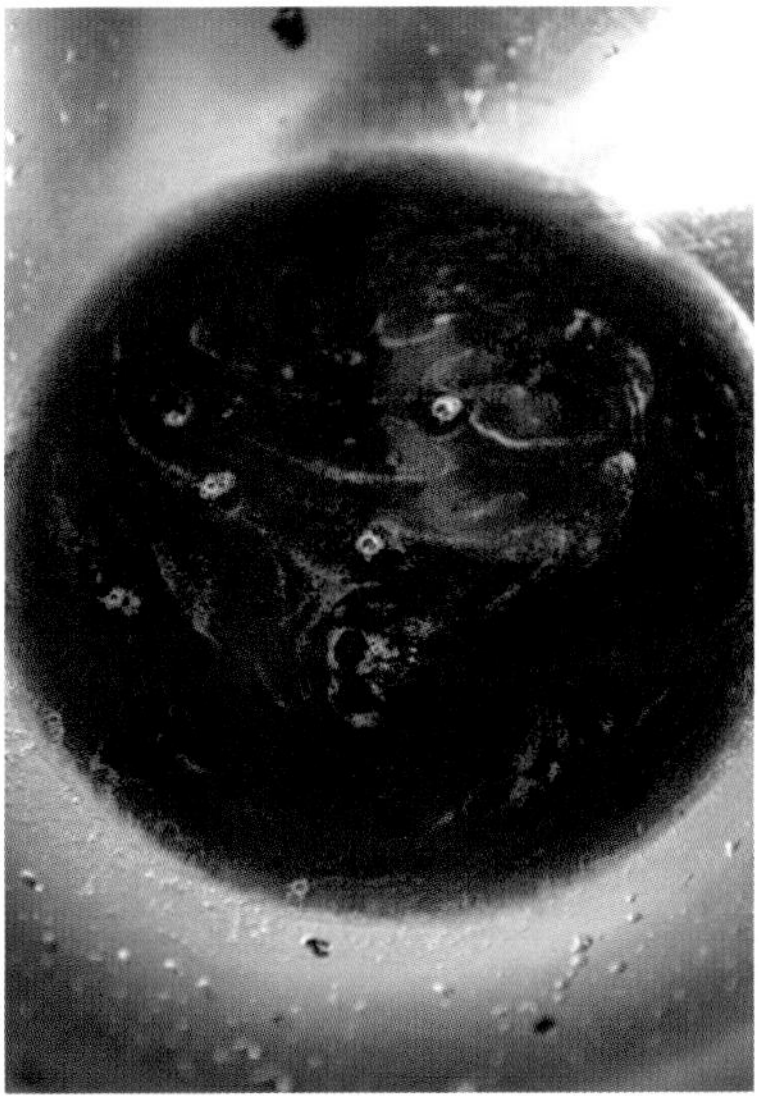

7

梅干しの本漬け

材料
下漬けが完了した梅　全量
あく抜きした赤じそ　全量

道具
中ぶたまたは皿
さらしの布（容器の口径よりも大きめのもの）
✚道具は熱湯消毒し、焼酎を霧吹きで吹きかけておく。

1
あく抜きした赤じそをほぐしながら、梅の表面を覆うように均等に入れていく。

2
すべてのせたら、赤じそと梅とのすき間ができないように、よく手で押さえる。

1

2

3
透明だった白梅酢がきれいな赤じその色に変わっていく。容器を傾けたり少し揺すったりして、赤くなった梅酢が底まで行き渡るようにする。

4
容器より大きめのさらしの布で覆い、下に空気が残らないように、手で押さえていく。

3

4

さらしの布できっちりと覆った状態。

5

中ぶたまたは磁器の皿（金属系はさびるのでNG）などをかぶせて、赤じそが梅酢から出ないようにする。ふたをしっかりとしめて梅雨明けを待つ。

5

赤梅酢を作る

赤じその水気をしっかり絞り、煮沸した瓶に入れ、白梅酢を注いで、菜箸でよく混ぜておく。美しく発色した赤梅酢は濃い塩分の美しい調味料として活用できる。

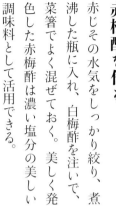

7月下旬 梅干しの土用干し

7月後半の梅雨明けから8月にかけての夏の土用の頃、梅を天日に干すことから名づけられたのが土用干しです。昔から〝三日三晩の土用干し〟といわれ、晴天が4日続く頃を選んで行なわれてきました。1日目と2日目は朝から干して夕方に取り込み、3日目は朝から干して一晩夜露に当て、翌朝に取り込みます。梅をたっぷりの太陽の光に当てることで、紫外線で殺菌され、水分が蒸発し、保存性が高まります。まろやかで豊かな風味も生まれ、夜露に当てることで果肉がやわらかくなるというわけです。

私はテラスで土用干し。日当たりとともに、風通しも必要なので、洗濯物の物干しスタンドの上に梅干しを並べたざるをのせ、梅酢で汚れないよう、下には新聞紙を敷きます。このとき、赤じそも一緒に干して、乾燥させます。

理想としては4日連続して干したいのですが、最近は天気が不順で、よく晴れた時間を見計らい、トータルで3日間になるようにしています。

材料
本漬けした梅　全量
焼酎（アルコール度数35度）、ざらめ糖　各適量

道具
保存容器
＋熱湯消毒し、焼酎を霧吹きで吹きかけておく。

1
梅雨が明けたら、土用干しをする。竹ざるに梅を均等に並べ、赤じそはまとめて別の竹ざるにのせる。ときどき上下を返し、均等に日に当てる（42ページ参照）。夕方、干した梅を取り込むときに、一粒ずつ漬け汁（赤梅酢）の中に戻し入れる。翌日同じように干し、戻す。これを3日間繰り返す。

2
土用干しの4日目、日の照っている間に、梅を保存容器に移す。かめの底に焼酎を霧吹きで吹きつけてから、梅を並べ、ざらめ糖をひとつまみまき、焼酎を吹きつける。これを繰り返す。本漬けの容器に残った水分が赤梅酢なので、ガラス瓶に取り分けて、冷蔵庫に保存する。

3
干した赤じそを梅の表面を覆うように敷きつめ、焼酎を霧吹きで吹きつけておく。赤じそのふりかけ（74ページ参照）を作る場合は、取り分ける。

2

ふたをして冷暗所で保存します。
1年くらいおくと、おいしくいただけます。

2kgで漬けた梅干し。2年以上たって、
塩のかどが取れ、まろやかになりました。

ひとり分なら2キロの梅で

実家の裏庭に漬物小屋があるぐらい、私の母は丹精込めて漬物作りをしていました。もちろん梅干しも、毎年恒例の仕事でした。

子供の頃、母を先頭に、家族みんなで埼玉県所沢市の梅林へ行って、梅もぎをしたことがあります。小さな木から、こんなにたくさんの梅がとれるのかと驚きました。

ずいぶん年の離れた兄たちを持つ、私は末っ子です。このときの梅もぎには兄嫁も同行し、そのときに初めて母から梅干し作りを学んだそうです。

その義理の姉がのちに「梅博士」と言われるほどの梅干し名人になってくれたおかげで、私自身は長らく梅干しは漬けていなかったのです。義理の姉から、おいしい梅干しをもらえるので。梅干しって、なければ困るけれど、そんなにたくさん必要なものではないですから。

自分で漬けるようになった最初の頃は、4キ

ロ、5キロの梅を漬けていました。ですが、近年はひとり分、2キロの梅干しを作っています。
2キロの梅なら、なんとなく気楽です。梅を干す平ざるも、1枚にちょうど2キロの梅が並ぶようにできているようです。

2キロの梅ならば、場所をとる重たい大きなかめも必要ないので、懇意にしている陶芸家に白磁のコンパクトな梅干し鉢を作ってもらいました。重しも白磁で作ってもらったのです。真

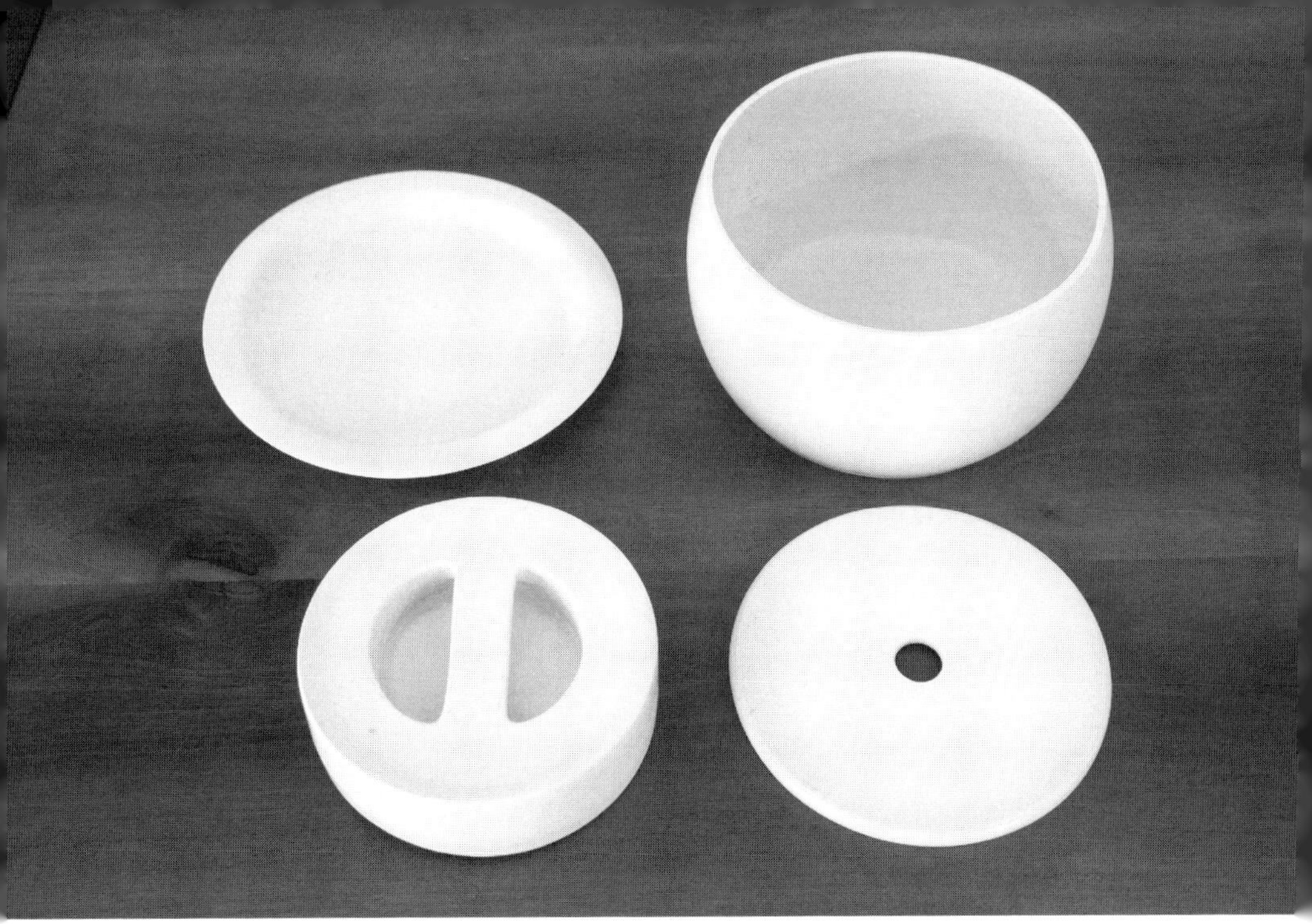

っ白な鉢の中に赤い梅干しがあるのは美しくて、目にも楽しい風景です。梅干し作りがいっそう楽しい仕事になりました。

2キロと少ない梅でも、きちんと重しをすれば梅酢が上がります。でも梅干し作りが初めてだったり、梅酢が上がらないのではと不安ならば、最初は3キロ、4キロで作って、慣れてきたら2キロにするのもいいと思います。

1年に2キロ分だけ作る梅干しでも、長年作り続けているとたまっていきます。30年ものという梅干しもあり、それは神々しい食べ物です。うれしいストックではありますが……これ以上増えると食べきれないな、と思うことも。

で、私は梅干しを漬けない年もあります。「毎年必ず」と決めずに少なめの量で楽しみながら作っています。梅干し作りは義務ではなくて、楽しみ。そんな気持ちでやってみるのがいいと思います。

材料のこと

梅

梅干し作りに向くのは、皮が薄く、果肉が多い梅です。梅にはS、M、L、LL……といろいろなサイズがあって、どれを使うかはお好みです。うちでは4Lという特別大きなサイズの南高梅を、生産者からじかに購入しています。梅干しはスタッフとみんなで作るので、梅もまとめて注文しています。梅がよい状態になったら送ってくるので、届く日にちが特定できず、梅の季節には「いつかしら?」「もう来るかしら」とみんなでそわそわ。旅に出ることもできません。

段ボール箱にどっさりと入って、空気が通る状態で送られてくる梅は、箱を開けるとたちまちいい香り。そこいらじゅうにかぐわしい香りが漂って、まるで夢のよう。

こんなふうに香りがよく、黄色に熟してやわらかくなっている梅は、木の上で充分に熟している証拠。すぐに梅干し作りにとりかかれます。

ある程度熟しているけれど、まだ青っぽいからもう少しおいたほうがいいかな、ということもあります。そういうときはざるに広げて、2~3日おいておきます。こうして追熟させると、そのうちにいい香りがしてきて、梅がやわらかくなってくるのです。そうしたら梅干し作りを始めます。

梅はスーパーなどで買う場合は傷のない、きれいなものを選びましょう。

流通の関係で、店では熟す一歩手前の梅が並んでいると思いますので、梅の様子を見て、必要に応じて追熟させてから使うのがいいです。ポリ袋に入れたままでは汗をかいていたむので、ざるなどに移して、香りを楽しみながら追熟させます。

塩

梅干しを作る塩は、うちでは日本の自然塩を使っています。さらさらの精製塩ではなく、ミネラル豊富な自然塩がいいと思います。

海はつながっているのだから、日本の塩にこだわることもないのだけれど……でも、なんとなく梅干しには日本の塩を使いたい気分です。

梅に対して、うちでは18％の塩を使います。母が18％で作っていたので、母から梅干し作りを教わった兄嫁たちも姪たちも私も、みんな18％です。少ししょっぱいと感じるかもしれません。でも、その味が好きだし、18％の塩で作れば梅干しがかびることもなく失敗が少ないです。

18％の塩で漬けた梅干しは、保存瓶に入れて常温に置いて大丈夫。年数がたつごとに塩がなれておいしくなります。義理の姉が漬けたのをもらった、15年ものの梅干しが我が家にあります。色は茶色く塩がなれて、それはそれはおいしいです。

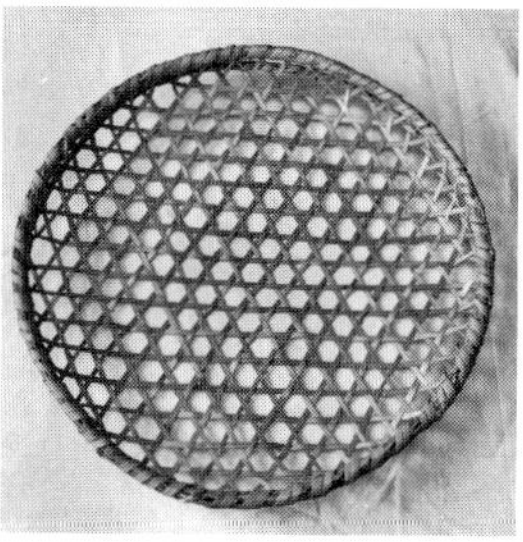

道具のこと

2キロの梅を漬けよう、3キロの梅を漬けよう……と決めたら、それに見合う容器や重しが必要です。すでにほうろうの容器や重しを持っていて、それを使いたいと思ったら、容量や重量を確かめることが大事。またほうろうの容器は古くなって傷がついていたりすると、そこからさびが出ます。梅から上がる梅酢は酸がとても強いものなので、ほうろうの傷を穴にしてしまうこともあります。

せっかく漬けるのですから、準備万端でいきましょう。

容器

新しく購入する際には、梅何キロ用のものか確かめて。

竹ざる

土用干しのときに使用。そば用などの目の詰んだざるではなく、ゆったりと編まれていて、下からも空気が通るざるを選ぶと、よく乾きます。直径40センチの竹ざるで、だいたい2キロの梅を並べられます。

重し

梅と同じか、梅よりもやや重めのものを用意します。

中ぶたまたは皿

下漬けや本漬けの際に、梅の上にかぶせて使用。漬ける容器と口径の同じものがいいです。中ぶたがない場合は、容器と口径の合う皿で代用しても。

さらしの布

下漬けや本漬けの際に、梅の上にさらしの布をかぶせて、その上に中ぶたをのせます。さらしの布をかぶせることで、梅や赤じそが汁から出るのを防げます。梅もしそも汁から出て空気に触れると、かびになりやすいので注意。

ボウル

塩を用意する、梅を洗う、赤じそを洗う……などの作業でたびたび使用します。大きなボウルが便利。

保存容器

できた白梅酢、赤梅酢、梅干しを入れる保存容器。いずれも煮沸し、日光に充分に当てて清潔にしておきます。ガラスや陶器が適しています。

消毒のこと

容器、重し、中ぶた、保存容器といった道具は、梅干しに雑菌が入るのを防ぐため、清潔にしてから使います。

まずは熱湯消毒します。きれいに洗ってから、大きな道具には熱湯を回しかけます。煮沸できるものは煮沸します。

さらに道具を日に当てて、日光消毒をすると安心です。

陶器のかめはよく洗って熱湯を回しかけ、陶器が熱くなるほどに充分に日に当てることが大事です。

道具の手入れは使う前だけでなく、梅干しの漬け終わりにも行ないます。同じ手順で道具を消毒し、ほこりがつかない状態でしまって、来シーズンに備えます。

梅干し談義をしませんか

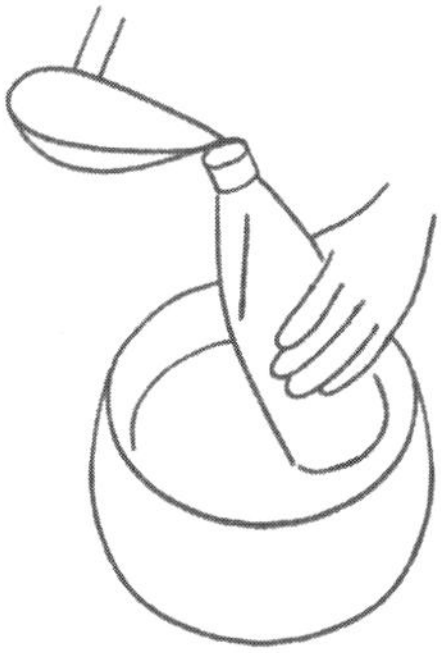

Q：梅を漬けて1週間たっても、白梅酢があまり上がりませんでした。こんな場合はどうしますか。

A：重しをもう少し重くしてみてください。

白梅酢を充分とるには、塩を控えめにせず、重しをしっかりしておくことが肝心です。それでも梅の量が少なかったりすると、白梅酢があまり上がらないこともあります。もう少し待ってみてください。あるいは重しを少し重めにしてみてください。ほとんどの場合、梅にひたひたの漬け汁が上がってきます。まったく上がってこないということはありません。

梅が充分に熟していないと水の上がりがよくない場合も。そのためにも追熟が肝要です。

梅より上の（梅にかぶるぐらいはとりおき、それ以上の白梅酢は保存に回してもいい）白梅酢はストックしておき、来年分に備えることをおすすめします。白梅酢は消毒した保存瓶に移して、冷蔵庫で1年以上保存できます。

梅干し作りはこんなふうに、「こうでなければ絶対にだめ」というルールにとらわれずに、自分で考えて、そのときそのときで最善を尽くせばいいのです。「失敗した」とがっかりせずに、「今年はこうだった」ぐらいの気持ちで、漬物と気長につきあってください。

去年、一昨年、3年前、5年前、10年前……と綿々と続く仕事があるのは楽しいこと。世間や時代のスピードとは違う、ゆったりとした時間軸を持つのはすてきです。

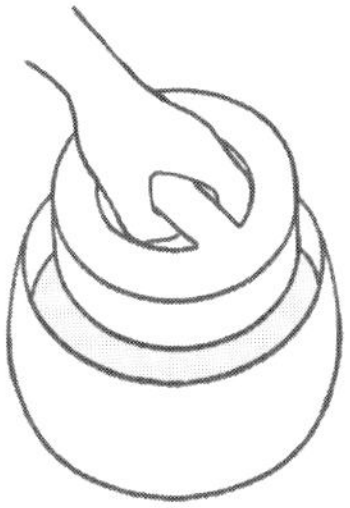

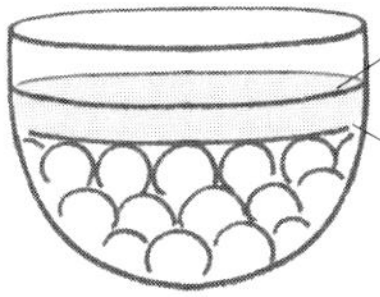
保存に回してもいい
すれすれまでは
そのままとりおく

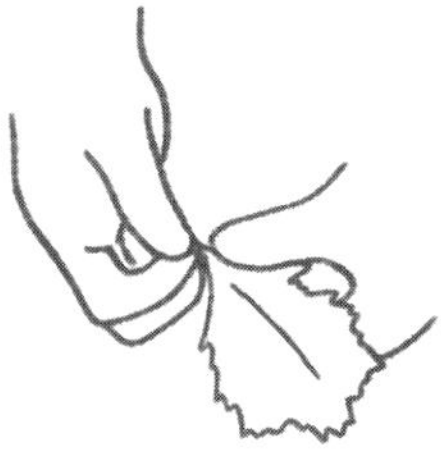

Q：漬けた梅にしそを入れたら、きれいに発色しないで黒っぽい色になりました。

A：赤じそのあく抜きが足りなかったのでしょう。

赤じそは新鮮なやわらかいものが欲しいので、私はいつも買い物に利用しているスーパーマーケットで求めます。赤じその中でも表面が縮れたちりめんじそを買い求め、買ってきたら、その日のうちにあく抜きをします。

最近は気候の変化もあるのか、白梅酢が上がる前に赤じそが出てしまうのが困りもの。白梅酢が上がったタイミングで、すぐに買いに走るのがベストです。しそに粗塩をふり、手のひらで押してよくもみ、水で洗い、葉を両手でぎゅっと絞る……を何度も繰り返します。

あくの出た水がきれいな紫色になるまで、とにかくしそのあくを出しきります。これをしないと、黒っぽくなってしまいます。

最初は黒っぽかった水が、だんだんきれいな紫色になって、しまいにはきれいな透んだ紫色になる。そこまで、しそをしっかりもみ洗いしてください。手が真っ赤に染まるまで、しそをもみます。

ちなみに、しそにふる塩の量は適当です。水で洗うのだから、多少多めでも問題なし。逆に塩が控えめだと、もみにくいかもしれません。

もしも、前年にとった白梅酢があれば、あく抜きした赤じそに加えておき、梅の漬け汁が上がってくるのを待つことができるので、タイミングのずれも解決します。一つの方策として、1年目は赤じそなしの赤くない梅干しを作り、来年のために白梅酢を保存しておくこともいいでしょう。そんなとき梅干し友達がいると、互いにカバーし合えてありがたいです。

Q…赤じその軸は必ず取り除くべきですか？

A…お好みです。私は軸が好きなので、取らずに漬けることが多いです。

赤じその軸を取るのは、食感の問題です。梅干しを漬けたあとの赤じそでふりかけを作りたい人は、軸は邪魔なので、漬ける前に取り除くほうがいいです。
私自身はふりかけは少量だけ作ります。赤じそを広げた状態で、おむすびを包んだりして食べるのが好きなので、軸は取らないことが多いです。
葉のひらひらとしたところよりも、むしろコリッとした軸が好きなのです。かむとカリッとして、かたい軸もおいしいものです。これはお好みです。

梅干しの土用干し

Q：**土用干しのあとにざらめを入れるのはなぜですか？**

A：**わずかに塩気がまるくなるからかもしれません。お好みです。**

うちではざらめを入れるのですが、それは母がやっていたから。甘い味をつけるわけではなく、塩気を少しマイルドにするためかと思います。お好みですから入れなくても大丈夫です。

Q…マンション暮らしの場合、土用干しはどこで行ないますか?

A…私はテラスに干しています。下に新聞紙を敷くのを忘れずに。

洗濯物用の物干し台をテラスに広げ、その上に梅を並べたざるをのせて、私は土用干しをします。

日光だけでなく風も当たったほうが、梅をうまく乾燥させられるので、少しでも高いところに置いたほうがいいと思います。それに下からも風が当たるのが好都合なので、網目の大きな竹ざると物干し台の組み合わせになりました。

干すとき、ボトボトと赤い汁が梅から落ちますので、必ず下に新聞紙を敷くことをお忘れなく。

Q：**土用干しが満足にできませんでした。**どうしたらいいですか。

A：わかります。**今の気候では難しいです。梅雨明け後、何日か干し、通算で3日干す方法をとっています。**

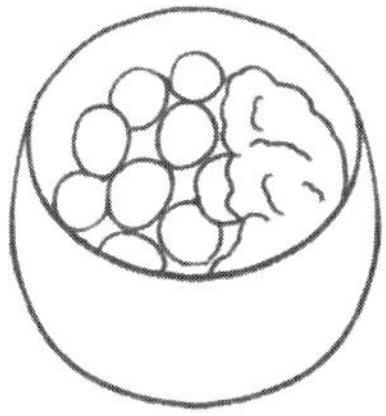

カラッと晴れた真夏日に、2日、3日と干すうちに、梅がふんわりやわらかくなります。そうなるのを望んでいるわけですが……本当に最近の気候はおかしくて、晴れていても湿気が多かったりして、なかなか思うような土用干しができません。

お天気ばかりはいたしかたなく、何日か日が出ているときに干し、通算3日になるようにしています。いい状態で干せた年と天候が悪かった年を比べると、梅干しの皮のやわらかさが断然違うのがわかります。

土用干しが不充分でも、ある程度干したところで、私は梅を保存容器に移すことがありました。そうして作った皮のかたい梅干しを、お天気がいい日が続く年に、ためしにまた干してみようかな、と思っています。うまくいくかどうかわかりませんけれど。

こんな実験を考えつくのも、梅干し作りの楽しさです。

次の夏は昔のように、梅雨のあとはカラッと乾いた天気が3、4日続いてくれることを願うばかり。

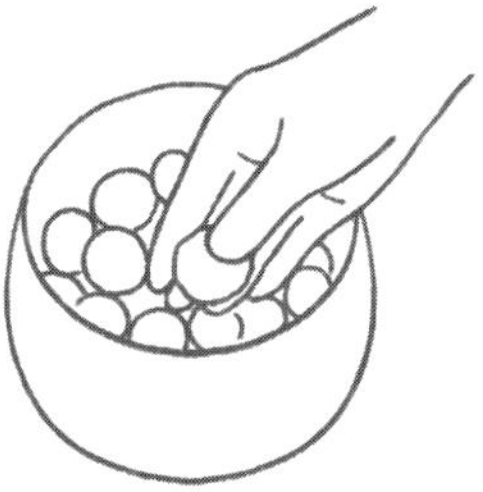

Q…土用干しのとき、夕方に取り込んで、また容器に戻すのはなぜですか？

A…夕方は温度が下がって湿気が出るからです。

土用干しは、梅を日光や風に当てて乾かします。干すことで皮がやわらかくなり、乾いたものをぬくもりがあるうちに漬け汁に戻すことで、漬け汁を吸ってよりいっそう赤じその色も入ります。

だから雨に絶対に当ててはいけないし、夕方の湿気に当てたくもない。土用干しをしているときに雨が降ってきたりしたら、一目散に家に帰ることになって大変です。でも、そんなふうに梅に振り回されるのも、考えてみれば面白いのです。

夕方、日に当たって温かくなっている梅を赤梅酢の中に戻し、翌朝そこから取り出してざるに並べ、干します。これを3日間続けます。

表面がカラッと乾いた梅を赤い汁に戻すとじゅわっと吸い込み、赤い色が日に日に濃くなります。最後は夜露に当てると母が言っていましたが、今どきの夏は深夜になっても涼しくならず、熱帯夜ですから夜露は期待できません。しかたがありませんので、私は最後の日は夕方取り込んで、焼酎を吹きかけ、ざらめをふって最後の始末をしています。

梅干しの保存

Q：**冷暗所って、どんなところですか？**
マンション住まいでは
どこに置くのがいいでしょう？

A：**とにかく明るくないところ。**
そして温度が低いところが理想です。

冷暗所も、現代ではなかなか見つからないです。私の実家の北側には漬物小屋がありましたが、そこは確かにいつも暗くて、ひんやりとしていました。なるべく近い環境を探すしかないのです。

暗いところ＝光の入らない明るくないところ、涼しいところ＝暖かくないところ、と消去法で考えるといいかもしれませんね。

どうしても冷暗所がない場合は、余裕があれば漬物を冷蔵庫に入れておくという手もあります。私は梅干しのほか、粕漬け、ぬか床、梅酢漬け、らっきょう漬けなど、夏場はいろいろと冷蔵庫に入れています。

Q…梅干しの色を
きれいに保つには
どうすればいいですか？

A…うちには赤や茶色、
いろいろな梅干しがあります。

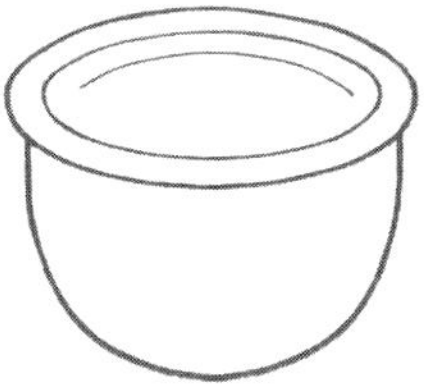

梅干しを漬けたら冷蔵庫など、ごく冷たいところで保存すると、色があせてきません。3〜4年たっても、梅干しのうっとりするように鮮やかな赤い色は、冷蔵庫に入れておくとある程度保たれます。たまたま冷暗所がなくて冷蔵庫に入れておいたら、紅色が何年たっても鮮やかだった――これは経験から生まれた産物です。ただし冷蔵庫に入れた梅干しは、塩がまろやかになるのに時間がかかります。冷蔵庫ではなく冷暗所に置いておくほうが早く塩のかどが取れてきます。色は少し褐色がかりますが。我が家には、梅干し名人だった義理の姉が漬けた15年ものをはじめ、いろいろな年のいろいろな梅干しがあります。古い梅干しは色があせているけれど、塩がなれて、なんともいえずおいしいです。

食べ方によって、お料理によって、きれいな色の梅干しが必要なときは、冷蔵庫に保存してあるものを使います。梅干しを使い分けています。梅干しは、そんなふうにいろいろに作れて、楽しめるものです。

梅干しを漬けてわかること

6月に入って梅が届くと、さあ、梅仕事の始まり。傷つけないように丁寧に洗い、塩をふって容器に漬け込み、重しをのせて、暗くて涼しい場所に置きます。そうして1週間以上おくと、梅から水が上がってくる。白梅酢です。

こうして梅から水が上がる間に、畑で赤じそが収穫されて、白梅酢が充分な量上がった頃に赤じそが店頭に並ぶ……。と、これが昔からの自然の流れでした。

ところが近年は白梅酢が上がる前に、赤じそが先に店頭に並ぶことが多くなりました。温暖化の影響なのでしょうか？

赤じそは、梅干しを赤く染め、独特の香りをつける大事な材料です。白梅酢にあく抜きした赤じそを加えることで、赤じそからエキスが溶け出して赤梅酢ができる。この赤梅酢が、梅干しを美しい赤い色に染めてくれます。

漬けた赤じそ自体も食べたいので、なるべく季節のはじめに出回る、やわらかくておいしいしそを使いたい。でもしそが早く出回って梅があとから、とタイミングが合わない年は、前の年にとっておいた白梅酢を使って、出はじめのしそで赤梅酢を作ることもあります。

だから梅雨近くになると「今年も気温が高くなるのかな。赤じそはどうかしら」と、とても気になります。梅干しを漬けていると気候の変化がダイレクトに感じられ、感じるだけでなく、もろに影響を受けますので、いろいろと考えさせられます。

土用干しも、そうです。

赤じそを加えて本漬けをしたら、梅干しの容器にしっかりとふたをして梅雨明けを待ちます。そして梅雨が明けたら、カンカン照りで洗濯物もよく乾くような日の下で、梅干しを3日ほど干す。これが土用干しです。

ところが最近は梅雨が明けない年があり、8月にだらだらと雨が続いたり、曇り空の日が続き、湿気も多くて、「夏はどこ?」という感じ。そのうち秋になってしまったりする。

本当に気候がおかしいです。昔は梅雨明けといえば、雲の切れ間から輝くような青空が見えて、それがさーっと空一面に広がって、真夏の日ざしになりました。そのあとだんだんに蒸し暑くなるのが常でした。梅雨明けの1週間ぐらいは湿気がなくて、梅干しを干すのにちょうどよかった。そのタイミングが、近年はなくなってしまいました。

「梅干しを漬けない年は、あるいはうまく漬からない年は、いい年にならない」という古くからの言い伝えがあります。自分で梅干しを漬けるようになって、もしかしたらこの言い伝えは、梅干しを漬けないことを戒めるだけじゃなくて、違うメッセージが隠されていると思うようになりました。

たとえば気候がおかしければいい梅がとれない。そういう年は梅ばかりでなく他の農作物もおかしくなっています。あるいは自分自身の状態などがよくないせいもあります。だから、その年はよくない年だということかもしれません。

つまり梅干しを毎年漬けないのが悪いわけではなく、梅干しを漬けることで自然と向き合う、そのこと自体をないがしろにするのが、人間にとってよくないことだという戒めのような気がするのです。

梅干しを漬けていると、土用の頃には「明日は晴れますように」と祈るような気持ちになります。この国の風土に合った、本来の自然のリズムが戻ってくれますように。そのために私たちができること、たとえば資源の無駄使いやエネルギーの浪費は少しでも減らしたい、ごみもちゃんと始末しなくてはという気持ちになります。梅干し作りは、自然の中で生きていること、生きさせてもらっていることを感じられる仕事でもあるのです。

梅干し料理

手間ひまかけて漬けた梅干しを、料理にも使いましょう。調味料代わりに、あえ衣やドレッシングにと応用自在です。梅干しを使うことで料理の腐敗を防ぎ、保存に役立つ効果もあります。もちろん、食欲増進にも。

本漬けの赤じそで

梅干しとともに天日干しした赤じそは、梅の栄養がいっぱいしみておいしさも格別。ふりかけにすると、自然の香りとうまみで、ご飯がよりおいしくいただけます。しけらないよう密閉容器に入れ、冷蔵庫で保存すると長く楽しめます。

赤じそのふりかけ

材料（作りやすい分量）
本漬けの赤じそ　適量

① 土用干しでぱりぱりに乾燥した赤じそを用意する。乾燥が足りない場合は、電子レンジやオーブンを利用して、ぱりっとさせる。

② すり鉢かフードプロセッサーで細かくする。プロセッサーを使う場合は、好みの細かさになるまで攪拌する。ポリ袋に入れて手でもめば、粗めの仕上がりに。すり鉢ですると細かく仕上がる。

③ 容器に入れる。長く保存する場合は密閉できる瓶に入れる。

ご飯ってこんなにおいしかったの?と思うかもしれません。

赤じそふりかけのおむすび

作り方

炊きたてのあつあつのご飯を用意。水と塩をまぶした手に受ける。両手で優しく手早くむすぶ。器にのせて、赤じそふりかけをふる。

梅干しで

梅干しを炊き込んだご飯は、梅干しの風味と塩分がほどよくしみて冷めてもおいしいもの。いたみにくいので夏のお弁当やおむすびにもおすすめです。また、煮物、あえ物など幅広く楽しめます。

梅干しご飯

材料（4人分）

米　2合（360㎖）

梅干し　大1個

① 米を洗ってざるに上げ、土鍋に水2カップ（400㎖、米の1割増し）とともに入れて30分水に浸す。

② ①の中央に梅干しをのせ、ふたをして弱火に5分かけ、中火にして沸騰したら、弱火で15分炊き、火を止めて5〜10分蒸らす。

③ 梅干しをほぐしながら、ご飯をさっくりと混ぜ、茶碗によそう。青じそやもみのりをのせてもおいしい。

梅干しご飯の献立

小松菜のおかかあえ

作り方（2人分）

小松菜½束は、塩ゆでして水気を絞り、5～6㎝長さに切る。ボウルに削りがつお5～10gを入れ、しょうゆをほんの数滴たらし、ふんわりと混ぜ、小松菜と混ぜ合わせる。

きんぴらごぼう

作り方（作りやすい分量）

ごぼう1本（約40㎝）は、細切りにし、酢水に5分放す。鍋にごま油大さじ1を入れて中火にかけ、水気をきったごぼうをいため、酒大さじ2～4、みりん大さじ1～2、赤とうがらしの小口切りを加える。仕上げにしょうゆ大さじ1～2を入れていため、汁気がなくなりごぼうがやわらかくなったらでき上がり。

おだしのおいしさと梅干しの酸味がよく合って、一気に食べてしまうほど。わかめと油揚げも相性よし。

梅うどん

材料（1人分）
ゆでうどん　1玉
梅干し　1個
わかめ（水でもどして切る）　30g
油揚げ（湯通しして、ごく細切り）　½枚分
さらしねぎ（小口切り）　少々
煮干しだし　300〜400㎖
塩、しょうゆ　各少々

① 鍋に煮干しだしを温め、塩、しょうゆで薄めに調味する。
② 温めたうどんを器に入れ、梅干し、わかめ、油揚げ、さらしねぎをのせて、①の温かい汁を張る。

野菜の煮物に梅干しを入れてじっくり煮ると、梅干しのうまみ、しその香りが中までしみて、食欲をそそります。なすは細かい切れ目を入れると、梅干しのうまみやいりこのだしがしみやすい。

なすの梅干し煮

材料（4人分）
なす　4本
梅干し（果肉をちぎる）　大2個分
いりこ　5〜6尾
しょうゆ　大さじ1弱
酒　大さじ1½

① なすはへたを落として、縦半分に切る。皮目に斜めの細かい切れ目を入れ、水にさらしておく。
② いりこは頭と内臓と骨を取り、水1カップにつける。
③ 鍋に②のだしをいりこごと入れ、しょうゆ、酒を加える。水気をきった①のなす、梅干しも入れ、オーブンシートをかぶせてから落としぶたをし、鍋のふたをする。弱火で15分煮る。冷めるまでおいてから、いただく。

梅干しのクエン酸効果でいわしの骨までやわらかく煮え、身の煮くずれも防げるので、見た目もきれいに仕上がります。いわしが重ならないできっちりと入るサイズの鍋を選ぶことが大切。昆布がとびきりおいしくなります。

いわしの梅干し煮

材料（5人分）

いわし　5尾
梅干し　大3個
昆布（10㎝角）　1枚
みりん　大さじ2
酒　大さじ3
しょうゆ　大さじ1弱

① いわしはうろこを取り、頭を切り落とし、内臓を取り除いてよく洗う。

② 鍋に昆布を敷き、①を並べてちぎった梅干しをのせ、水をいわしの高さの半分まで入れる。みりん、しょうゆ、酒も加え、オーブンシートをかぶせてから落としぶたをし、鍋のふたをする。

③ ときどき煮汁をかけながら弱火で約20分、やわらかくなるまで煮る。

④ ③を器に盛り、敷いた昆布を細切りにして添え、いわしと梅干しを一緒にいただく。

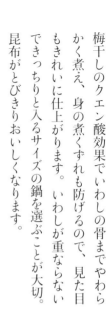

梅肉で

梅干しから果肉の部分をとって、包丁でよくたたけば、梅肉のでき上がりです。酸味、塩分、うまみを生かした使い方が、工夫次第で数限りなく広がります。

最初は酸っぱくて、やがてご飯の甘みが広がります。酒の肴になり、お弁当にもなる、粋な一品。

梅肉の細巻き

材料（4本分）
すし飯（101ページ参照）　320g
梅肉　梅干し2個分
焼きのり　2枚
白いりごま　少々

① のりは半分に切って、巻きすの上に横にしてのせ、すし飯80gを広げる。向こう1cmはあけておく。
② 梅肉の¼量をすし飯の中央に均等にのせ、白ごまをふって手前から巻く。全部で4本作って食べやすい長さに切りそろえる。

しゃきしゃきと歯ざわりのいいおかひじきをシンプルなあえ物に。

おかひじきの梅おかかあえ

材料（2人分）
おかひじき　1束
梅肉　1個分
削りがつお　5～10g

① おかひじきはさっとゆでて、食べやすく切る。
② 梅肉と削りがつおを混ぜて、おかひじきとあえる。

うまみたっぷりの塩昆布を混ぜて梅干しの酸味をまろやかに。たっぷりつけて召し上がれ。

きゅうりスティックと梅昆布

材料（1人分）

梅昆布
　梅肉　大1個分
　塩昆布（角切り）　2枚
きゅうり　適量

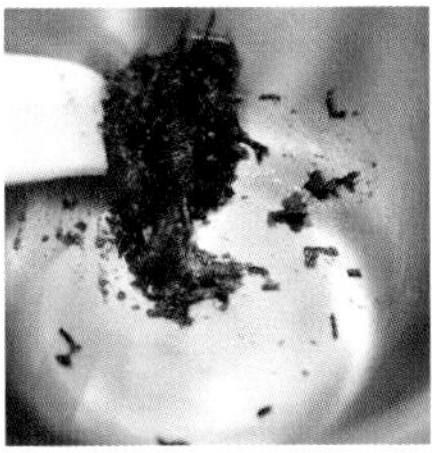

① 梅昆布を作る。ボウルに梅肉と塩昆布を刻んで加え、混ぜる。

② きゅうりは、ピーラーなどで縞目に皮をむき、両端を切り落として長さを半分に切り、さらに縦に半分に切る。梅昆布をつけていただく。

相性抜群なのが梅干しと魚介。いかには梅とにんにくの組み合わせが合います。食べる直前にあえましょう。

いかの梅にんにく

材料（1人分）

いか　50～60g
梅肉　大½個分
にんにく（おろす）　½かけ分
酒　ごく少々
青じそ　適量

① いかは幅約5㎜の糸づくりに切る。
② 梅肉をボウルに入れ、にんにく、酒を加え混ぜる。
③ 器に青じそを敷いていかを盛り、②の梅だれを添える。

ひらめのほか、鯛など白身魚全般に。しょうゆとはまた違った味わいで、日本酒にも、ご飯にも合う、おすすめの食べ方です。

ひらめの梅わさび

材料（1人分）

白身のさしみ（ここではひらめ）　50〜60g
梅肉　大½個分
わさび（おろしたもの）　適量
煮切り酒　少々
青じそ　適量

① ひらめはそぎ切りにする。
② 梅肉をたたいてボウルに入れ、わさびと煮切り酒を加えて混ぜる。①を加えてあえる。
③ 器に青じそを敷き、②を盛る。

たけのこと菜の花のあえ物
ねぎとセロリのせん切りサラダ

梅ドレッシング

梅肉　大1個分
太白ごま油　小さじ1½
しょうゆ、米酢　各少々

梅干しの果肉を包丁でたたいて、ボウルに入れる。ごま油、香りづけにしょうゆ、少しゆるまる程度に酢を加え、混ぜる。

梅肉に、さらっとした味わいの太白ごま油を加えた〝梅ドレッシング〟で春の野菜のあえ物を。しょうゆと酢はほんの少しで。

たけのこと菜の花のあえ物

材料（1人分）
ゆでたけのこ　小½本
菜の花　½束
梅ドレッシング　適量
木の芽　適量

① たけのこは食べやすい大きさの乱切りにする。菜の花はさっとゆでて、食べやすい長さに切る。
② たけのこ、菜の花、梅ドレッシングをボウルに入れて混ぜ合わせ、器に盛って、木の芽を添える。

野菜は氷水につけてしゃきしゃきとした食感を出すのがおいしさの条件です。

ねぎとセロリのせん切りサラダ

材料（1人分）
長ねぎ　½本
セロリの茎と葉　½本分
梅ドレッシング　適量

① ねぎは長さ約5cmの白髪ねぎにし、セロリの茎と葉も長さ約5cmのせん切りにして、合わせて氷水につけてしゃきっとさせる。水気をきっておく。
② 器に盛りつけ、梅ドレッシングをかける。

赤梅酢で

下漬けの際に梅から出る白梅酢に赤じそが加わり、真っ赤に染まったものが赤梅酢です。クエン酸やポリフェノールなど完熟梅の栄養素がそのまま詰まっています。ガラスや陶製の瓶に入れ（ふたに金属が使われていないもの）、日の当たらない涼しい場所で保管します。香りよく美しい紅色、しかも防腐効果もあり、漬物や酢の物に使うと、お弁当の彩りに最適です。

（3点とも作り方は92ページ）

大根の赤梅酢漬け

菊花かぶの赤梅酢漬け

蓮根の赤梅酢漬け

しば漬け

漬けて1〜2日後の新漬けはフレッシュな味、重しをしたまま1か月ほど冷蔵庫で保存しておくと、本格的な漬物に。夏の疲れを癒す初秋の味です。（作り方は93ページ）

歯ざわりのいいように乱切りにして、塩で余分な水分を出してから漬けます。

大根の赤梅酢漬け

作り方

① 大根の皮をむいて乱切りにし、塩をふって水分を出しておく。

② 手で絞って、赤梅酢をふってからめる。

菊花に切ったかぶを塩水につけ、余分な水分を出してから漬けます。

菊花かぶの赤梅酢漬け

作り方

① 菊花かぶを作る。まな板に皮をむいたかぶを置き、かぶを挟むように割り箸を手前と奥に置く。端から3㎜間隔で、包丁が箸にぶつかるまで切り込みを入れる。かぶを90度回転して同様に切り込みを入れる。

② 濃めの塩水につけ、しんなりしたら絞って、赤梅酢をふりかけてからめる。

③ 花びらのように動きを出して盛りつける。

さっと湯通しして、しゃきしゃきの食感が楽しめる即席漬けに。

蓮根の赤梅酢漬け

作り方

① 蓮根の皮をむいて薄い半月切りにし、酢水につける。

② 熱湯でさっとゆでて、水気をきってから、赤梅酢に漬ける。全体が赤くなれば、その日のうちにいただける。

しば漬け

最初に塩漬けをして、余分な水分を抜きます。

下漬け

材料（作りやすい分量）

なす、きゅうり、みょうが、谷中しょうが、
　新しょうがなど　合計1kg

塩　野菜の合計の重さの2～3％（20～30g）

①　なす、きゅうりは幅5㎜の斜め切り、みょうがは縦半分に切る。谷中しょうがは茎を落とし、大きければ縦半分に切り、新しょうがは薄切りにする。

②　野菜をすべてボウルに入れ、分量の塩を入れてよく混ぜる。

③　バットのサイズに合わせて②をジッパーつき保存袋に詰め、空気を抜いて口を閉じる。

④　③をバットに置き、上に同サイズのバットをのせ、重しが2.5kgになるようにして、2～3日冷蔵庫で下漬けをする。

下漬けをした野菜を赤梅酢に漬けます。

本漬け

材料

下漬けをした野菜　全量

赤梅酢　⅔カップ

煮切りみりん　大さじ3

赤じそ（梅干しと一緒に漬けたものがあれば）　ひとつかみ

①　下漬けをした野菜の水気をしっかり絞ってボウルに入れ、赤じそ、赤梅酢、煮切りみりんを加えてよく混ぜる。

②　①をジッパーつき保存袋に入れて空気を抜いて口を閉じ、バットに置き、同サイズのバットをのせ、2kgほどの重しをして冷蔵庫で保存する。

谷中しょうがの赤梅酢漬け

自家製紅しょうが。箸休めや料理の彩りに重宝します。作り方も簡単で、おすすめです。（作り方は96ページ）

いかの天ぷら

ふんわりと揚がったいかのすり身の味つけは、しょうがの梅酢漬けだけ。揚げたてをそのまま召し上がれ。あるいは、おでんのたねにしても美味。（作り方は97ページ）

ぶりの塩焼きと紅しょうが

彩りのいいお口直しの紅しょうが。しょうがに含まれる塩分があるので、ぶりにふる塩は少なめがちょうどいいのです。（作り方は97ページ）

谷中しょうがの赤梅酢漬け

作り方

① 谷中しょうがは、茎の部分を切り落とし、熱湯にさっとくぐらせて水気を拭き取り、ガラス瓶に入れて赤梅酢をかぶるまで加える。

② 色が真っ赤に染まったら、食べ頃。新しょうがやみょうがでも同様に作れる。冷蔵庫で約1年保存可能。

✚もしもかびが出たら、中身を取り出し、梅酢からかびを取り除いて火にかけ、沸騰させて冷ましたのち、中身を戻す。

✚新しょうがで即席紅しょうがを作ることができる。しょうがをせん切りにして軽く塩をふり、しんなりしたら赤梅酢に漬けて軽い重しをする。2〜3日したら、漬け汁を捨て、新しい梅酢に漬け替える。

いかの天ぷら

材料（作りやすい分量）

やりいか（小）　3〜4はい

卵白　1個分

片栗粉　大さじ1

谷中しょうがの赤梅酢漬け（細かく刻む）

3〜4個分

青ねぎ（小口切り）　2〜3本分

揚げ油　適量

① やりいかの皮とワタを取り除く。大まかに刻んで、卵白と片栗粉とともにフードプロセッサーにかけ、なめらかなすり身にする。

② ①をボウルに取り出し、谷中しょうがの赤梅酢漬けと青ねぎを加える。

③ 揚げ油を中温に熱して、②のすり身を丸めて表面が薄く色づくまで揚げる。油をよくきり、器に盛る。

ぶりの塩焼きと紅しょうが

作り方

① ぶりの切り身は、軽くふり塩をして、しばらくおき、半分の大きさに切る。

② よく熱した網で①の両面をこんがりと焼き、器に盛って、谷中しょうがの赤梅酢漬けを彩りよく添える。

みょうがの赤梅酢漬け

みょうがのしゃきっとした歯ざわりと梅酢の酸味がなんともいえません。

（作り方は100ページ）

しらすとみょうがのおすし

いずれの素材も夏が旬の、簡単混ぜずしです。すし酢には砂糖ではなく、メープルシロップゴールデンを隠し味程度に加えています。(作り方は101ページ)

焼きなすのおろしがけ

なすとみょうがは好相性です。赤梅酢に染まった大根おろしが焼きなすの風味を引き立てます。(作り方は101ページ)

みょうがの赤梅酢漬け

作り方

みょうが適量は、熱湯にさっとくぐらせて水気を拭き取り、ガラス瓶に入れて赤梅酢をかぶるまで加える。色が真っ赤に染まったら食べられる。冷蔵庫に入れると約1年保存できる。

✚もしもかびが出たら、中身を取り出し、梅酢からかびを取り除いて火にかけ、沸騰させて冷ましたのち、中身を戻す。

使い終わった保存瓶はよく洗って煮沸消毒し、日に当てて乾かすのが習慣。

しらすとみょうがのおすし

材料（4人分）

米　2カップ

すし酢

　米酢　½カップ

　メープルシロップゴールデン　大さじ1½

　塩　小さじ½

しらす　1カップ

みょうがの赤梅酢漬け　4個

米酢　少々

青じそ（細切り）　5枚分

① 米を炊いてボウルにあけ、合わせたすし酢を混ぜる。

② しらすに米酢をふっておく。みょうがの赤梅酢漬けを縦に細く切る。

③ すし飯に②を混ぜる。器によそい、青じそを散らす。

焼きなすのおろしがけ

材料（4人分）

なす　4本

大根おろし　適量

みょうがの赤梅酢漬け（縦に薄切り）　2個分

① なすはよく熱した網に置いて、皮が焦げるまでよく焼く。熱いうちに皮をむき、へたを切り落として、食べやすいように竹串で縦に裂く。

② 器に①を盛り、大根おろしを添えて、上にみょうがの赤梅酢漬けをのせる。

梅干しの種でお番茶

お茶の時間に、梅干しの種にあつあつのお番茶を注ぐと、ふわっといい香り。ほんのり塩気が感じられ、肩の力が抜けるようなほっとする味です。食欲のないときや、夏場の塩分補給にもいいものです。種までも味わいつくす、昔の人の知恵ですね。

おわりに

梅干し作りは決して難しくありません。工程はきわめてシンプルです。ところが気候などの環境に大きな影響を受けるので、人間の力ではどうすることもできない事態にしばしば直面させられます。そこをなんとかして、自分で考えて工夫して、あるいは情報を人と共有して、「今年の梅干し」ができる。大げさなようですが、梅仕事は、自分の五感や生き物としてのカンのようなものを呼び起こしてくれます。

また、手仕事の喜びもあります。梅干しもたくあん漬けも、できればひとりでするよりも、親しい人たちと一緒に作業するのがおすすめです。みんなで梅のへたを取りながら、赤じそをもみながら、手を動かしながらおしゃべりする時間は、食べること、生きることに直結しているせいでしょうか、うちでは梅干し談義は先生もスタッフもなく、みな同じ梅干し仲間です。

「白梅酢がなかなか上がらないの」「梅を干してきちゃったけど、雨が降りそうね」なんていう梅干し談義に加わりたくて、梅干しを漬けはじめる人もいます。

自然と向き合い、人と一緒に作業をする――。梅干し作りには、現代では忘れられがちな大切なものがたくさん詰まっている気がするのです。

有元葉子　ありもと・ようこ
料理研究家。料理の基本を大切にしながら、自由な発想と抜群のセンスのよさで、おいしく美しくヘルシーな料理を提案、多くのファンを持つ。キッチン道具の人気シリーズ「ラバーゼ」のプロデュースを長年務めるなど、使う側からの視点で〝もの作り〟にも取り組んでいる。『はじめが肝心　有元葉子の「下ごしらえ」』『りんご、レモン、いちご、栗のお菓子と料理』『光るサラダ　サラダ上手になるための26のヒント』（いずれも文化出版局）など著書多数。

ブックデザイン　若山嘉代子 L'espace
撮影　新居明子
有元葉子（31ページ左、48ページ、68ページ）
安田如水（28〜30ページ、31ページ右、32ページ、38〜41ページ）（文化出版局）
福田典史（42ページ）（文化出版局）
協力　白江亜古
校閲　山脇節子
編集　浅井香織（文化出版局）

Shop 281　https://www.arimotoyoko.com/shop281
本書は月刊誌『ミセス』2016年6月号に掲載された料理企画に、撮りおろしを加えて大幅に加筆したものです。

梅干しを漬けてわかること

2021年3月28日　第1刷発行

著者　有元葉子
発行者　濱田勝宏
発行所　学校法人文化学園 文化出版局
〒151-8524　東京都渋谷区代々木3-22-1
電話　03-3299-2565（編集）
03-3299-2540（営業）
印刷所　凸版印刷株式会社
製本所　大口製本印刷株式会社

文化出版局のホームページ　http://books.bunka.ac.jp/